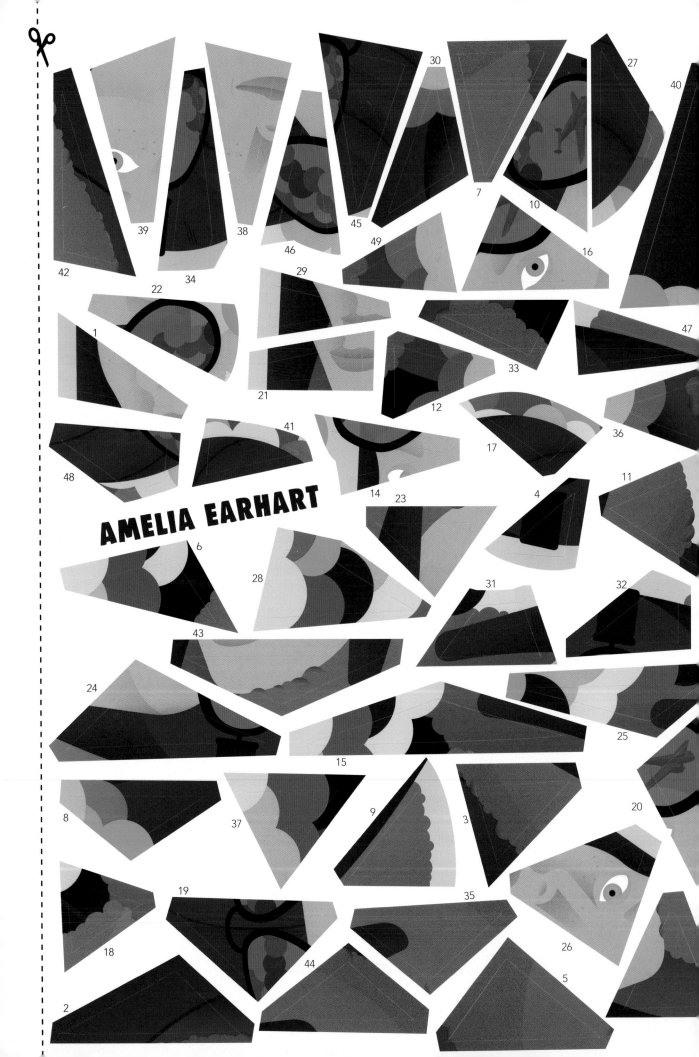

AMELIA EARHART

BEYONCÉ

CLEOPATRA

JANE GOODALL

ROSA PARKS

SIMONE BILES

LAS NIÑAS REBELDES SE MANTIENEN UNIDAS

LIBRO DE STICKERS

🜨 Planeta

Título original: *Rebel Girls Stick Together: A sticker-by-number book* por Rebel Girls

© 2021, Rebel Girls, !nc.

Publicado por primera vez en inglés por Dial Books for Young Readers, un sello de Penguin Random House, LLC.

Todos los derechos reservados en todos los países por Rebel Girls, Inc.

Traducción: Sylvia Elena Rodríguez Valenzuela

Diseño de portada: Jennifer Kelly
Adaptación de portada: Planeta Arte & Diseño
Adaptación de lettering de portada: Carmen Irene Gutierrez Romero / David López
Diseño de interiores: Jennifer Kelly
Ilustraciones de interiores: Giulia Flamini, Cristina Portolano, Eline Van Dam, Ping Zhu, Kiki Ljung, Helena Morais Soares, Emanuelle Walker, Sara Bondi, Sally Nixon, Eleanor Davis, Eline Van Dam, Jessica Cooper

Derechos reservados

© 2022, Editorial Planeta Mexicana, S.A. de C.V.
Bajo el sello editorial PLANETA M.R.
Avenida Presidente Masarik núm. 111,
Piso 2, Polanco V Sección, Miguel Hidalgo
C.P. 11560, Ciudad de México
www.planetadelibros.com.mx

Primera edición impresa en México: septiembre de 2022
ISBN: 978-607-07-9031-7

Impreso en los talleres de Litográfica Ingramex, S.A. de C.V.
Centeno núm. 162-1, colonia Granjas Esmeralda, Ciudad de México
Impreso y hecho en México - *Printed and made in Mexico*

¡HOLA, REBELDE!

Esperamos que estas doce heroínas extraordinarias puedan inspirarte. Hemos incluido activistas, artistas y atletas de distintas partes del mundo que han vivido entre el año 59 A.C. y el presente. Estas niñas y mujeres son pioneras que se han dejado guiar por sus convicciones y curiosidad.

Que su ejemplo sirva de guía en tu vida.

¡SUEÑA EN GRANDE, APUNTA MÁS ALTO Y LUCHA CON MÁS FUERZA!

CÓMO USAR ESTE LIBRO

Al final encontrarás una página de stickers por cada uno de los doce rompecabezas incluidos. Coloca el sticker numerado en el espacio correspondiente del rompecabezas. Todos los retratos tienen una línea punteada para que al terminarlos puedas sacarlos del libro y colgarlos en tu pared. Las páginas de stickers también tienen una línea punteada para que puedas desprenderlas y manipularlas con mayor facilidad.

Puedes encontrar las imágenes terminadas en las primeras páginas, así como un poco de información sobre estas doce increíbles mujeres.

Amelia Earhart
Aviadora
24 de julio de 1897 - julio de 1937
Estados Unidos

Amelia Earhart fue la primera mujer en sobrevolar sola el océano Atlántico. Le encantaba hacer cosas que nunca nadie había hecho. «La aventura es valiosa en sí misma», decía. De hecho, durante un vuelo alrededor del mundo, su más grande aventura, su avión se perdió para siempre en el océano Pacífico. Su valentía y sus increíbles logros jamás serán olvidados.

Ilustración de Giulia Flamini

Beatrice Vio
Esgrimista
Nació el 4 de marzo de 1997
Italia

Beatrice Vio, mejor conocida como Bebe, ama la esgrima desde que tenía cinco años. Cuando tenía once años se enfermó de meningitis. Los doctores tuvieron que amputarle brazos y piernas para salvarla. Pero Bebe no renunció por completo a su sueño de competir en esgrima. Comenzó a entrenar de nuevo en cuanto volvió a aprender a caminar. En menos de diez años ya había ganado múltiples campeonatos y una medalla de oro en los Juegos Paralímpicos.

Ilustración de Cristina Portolano

Beyoncé
Cantautora y empresaria
Nació el 4 de septiembre de 1981
Estados Unidos

Beyoncé, la mujer con mayor número de nominaciones en la historia de los Grammys, ya se presentaba como artista y bailarina a los seis años. Todavía era una niña cuando se unió a la banda que después se convertiría en Destiny's Child. Ahora es una de las estrellas pop más influyentes del mundo y canta sobre la libertad, el amor y la justicia social. Ha inspirado a millones de mujeres a enorgullecerse de su cultura e individualidad.

Ilustración de Eline Van Dam

Celia Cruz
Cantante
21 de octubre de 1925 - 16 de julio de 2003
Cuba

Celia Cruz, nacida en La Habana, Cuba, siempre estaba cantando. Aunque su padre quería que se convirtiera en maestra, ella nunca renunció a su amor por la música. No desaprovechó la oportunidad de cantar con la popular banda La Sonora Matancera. Cuando estalló la revolución en Cuba, Celia y su banda lograron huir a Estados Unidos, donde su extravagante personalidad e increíble voz ayudaron a popularizar la salsa. Fue la indiscutible reina de la salsa durante 40 años.

Ilustración de Ping Zhu

Cleopatra
Faraona
Circa 69 A.C. - 12 de agosto de 30 D.C.
Egipto

Cleopatra no permitió que su hermano le robara el reino. Cuando Julio César, emperador de la antigua Roma, llegó a Egipto para resolver el conflicto entre los hermanos, Cleopatra se aseguró de tener tiempo a solas con el César al escabullirse en sus aposentos escondida dentro de una alfombra enrollada. Este, maravillado por su osadía, la restituyó en el trono. El Imperio egipcio se vino abajo cuando murió. Fue la última faraona del antiguo Egipto.

Ilustración de Kiki Ljung

Frida Kahlo
Pintora
6 de julio de 1907 - 13 de julio de 1954
México

Frida Kahlo casi muere de polio cuando tenía seis años. La enfermedad le dejó una cojera permanente, pero no destruyó su animado espíritu. Luego, a los dieciocho años, sufrió un terrible accidente de autobús en el que otra vez estuvo a punto de morir. Durante los meses que pasó recuperándose en cama, comenzó a pintar autorretratos, lo que develó el enorme talento que la convertiría en una de las artistas más famosas del mundo.

Ilustración de Helena Morais Soares

Jane Goodall
Primatóloga
Nació el 3 de abril de 1934
Reino Unido

A Jane Goodall le encantaba
treparse a los árboles y leer libros
cuando era niña; sobre todo,
le encantaban los animales. Ya
de adulta, esa pasión la llevó a
Tanzania, donde estudió a los
chimpancés en su hábitat natural
durante muchos muchos años. Con
paciencia, observación científica y
ternura, Jane descubrió cosas
increíbles sobre dichos animales,
como que usan herramientas y no
son vegetarianos.

Ilustración de Emanuelle Walker

Malala Yousafzai
Activista
Nació el 12 de julio de 1997
Pakistán

Malala Yousafzai creció en Pakistán.
Un día, un grupo de hombres armados,
llamados talibanes, tomaron el control
del país y les prohibieron a las niñas ir a
la escuela. Malala se atrevió a alzar la voz.
«Los talibanes no quieren que las mujeres
tengan poder», declaró en televisión. En
respuesta, dos talibanes le dispararon solo
unos días después. Pero Malala sobrevivió,
siguió luchando por los derechos de las
niñas y las mujeres y se convirtió en la
persona más joven en recibir el Premio
Nobel de la Paz.

Ilustración de Sara Bondi

Rosa Parks
Activista
4 de febrero de 1913 - 24 de octubre de 2005
Estados Unidos

Durante una gran parte de la vida de Rosa Parks, Montgomery, Alabama fue una ciudad segregada. La gente negra no tenía permitido ir a las mismas escuelas, beber de los mismos bebederos o sentarse en la misma zona del autobús que la gente blanca. Un día, un conductor le pidió a Rosa que cediera su lugar para que una persona blanca pudiera sentarse. Cuando se negó, su valentía inspiró un boicot que duró más de un año y que llevó a que la Suprema Corte de Justicia de Estados Unidos declarara inconstitucional la segregación.

Ilustración de Sally Nixon

Ruth Bader Ginsburg
Jueza de la Suprema Corte
15 de marzo de 1933 - 18 de septiembre de 2020
Estados Unidos

Cuando Ruth Bader era niña, casi todos los abogados y jueces eran hombres. Pero Ruth soñaba con ser una gran abogada. Logró eso y mucho más. Defendió con éxito seis casos emblemáticos sobre equidad de género ante la Suprema Corte de Justicia de Estados Unidos. Después se convirtió en jueza de la Suprema Corte, tan solo la segunda mujer en la historia en lograrlo. Sus opiniones disidentes, a lo largo de los 27 años que dedicó en la posición más alta de la Corte de su país, ayudaron a moldear mentes y hasta leyes.

Ilustración de Eleanor Davis

Simone Biles
Gimnasta

Nació el 14 de marzo de 1997
Estados Unidos

Simone Biles, que comenzó a
practicar gimnasia a los seis años,
ha ganado más medallas del
Campeonato Mundial de Gimnasia
que cualquier otra persona. En los
Juegos Olímpicos 2016, ganó cinco
medallas, ¡y cuatro fueron de oro!
Muchos dicen que Simone es la mejor
gimnasta de la historia, pero ella dice
que «las medallas no pueden ser
metas». Cuando compite su única
meta es dar lo mejor de sí.

Ilustración de Eline Van Dam

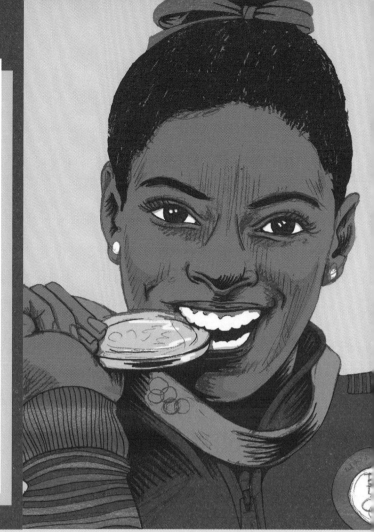

Yusra Mardini
Nadadora

Nació el 5 de marzo de 1998
Siria

La nadadora Yusra Mardini y su hermana
huyeron de la guerra en Siria después de
que una bomba destruyera su hogar. Se
fueron en lancha junto con otros refugiados
que también intentaban ir a Grecia. Pero de
un momento a otro el motor de la lancha
dejó de funcionar. Yusra y otros nadadores
saltaron al océano y mantuvieron el
vehículo a flote durante más de tres horas.
Salvaron las vidas de veinte refugiados. Un
año después Yusra compitió en los Juegos
Olímpicos como integrante del primer
equipo de refugiados en participar en tal
competencia.

Ilustración de Jessica Cooper

AMELIA EARHART

BEATRICE VIO

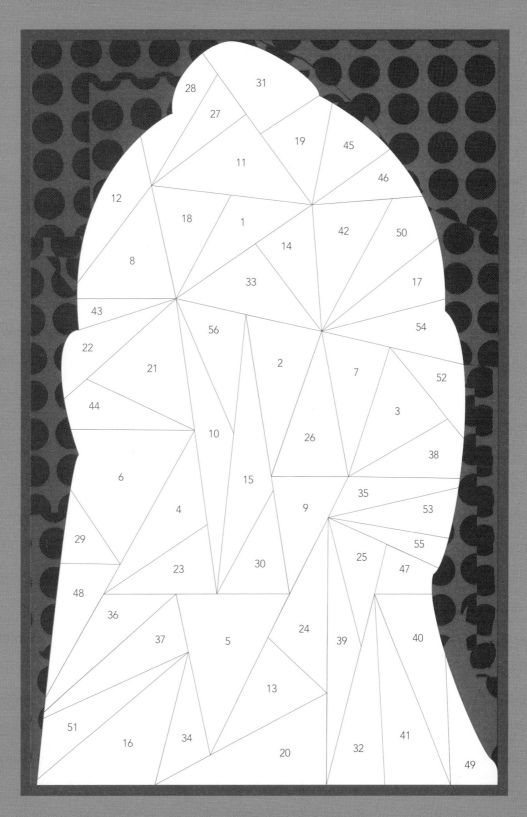

BEYONCÉ

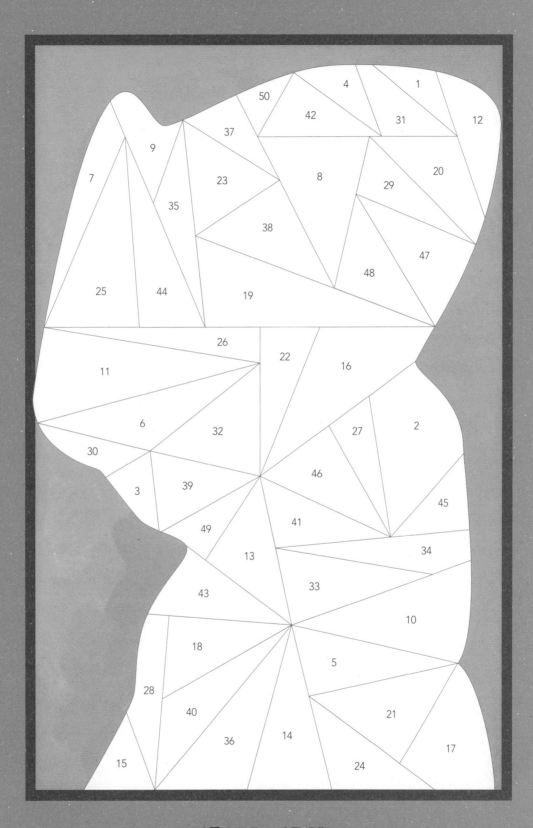

CELIA CRUZ

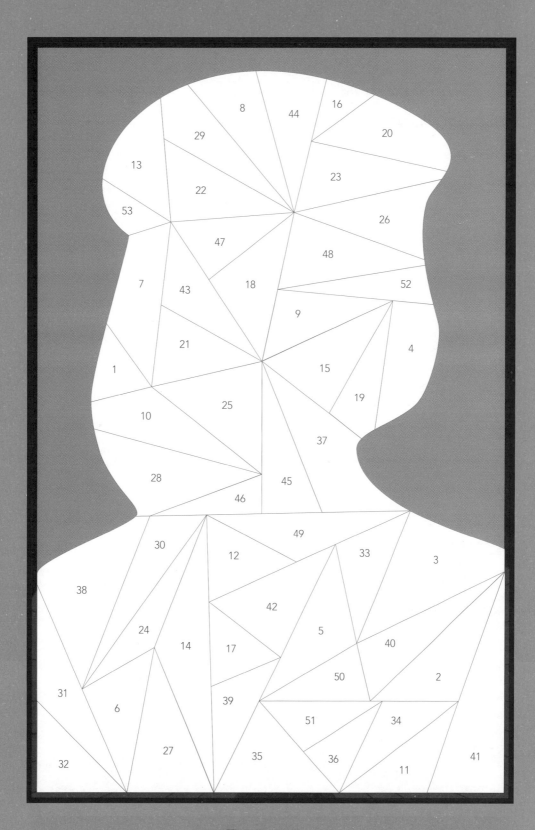

CLEOPATRA

FRIDA KAHLO

JANE GOODALL

MALALA YOUSAFZAI

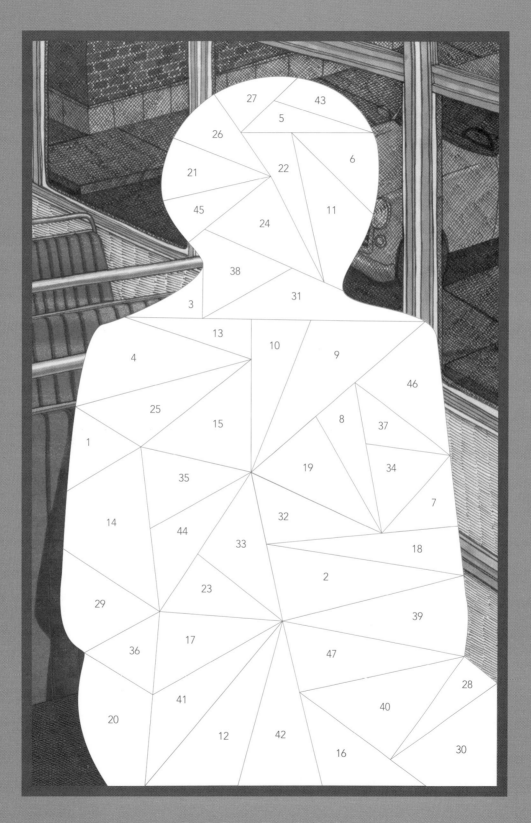

ROSA PARKS

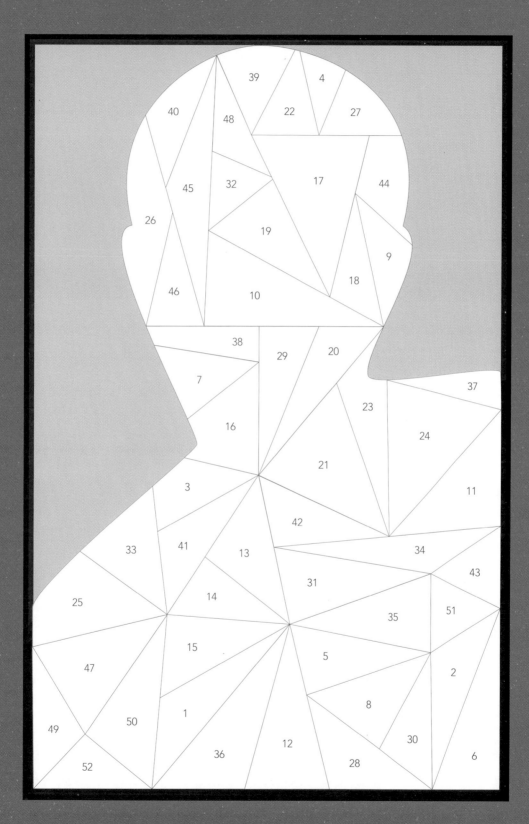

RUTH BADER GINSBURG

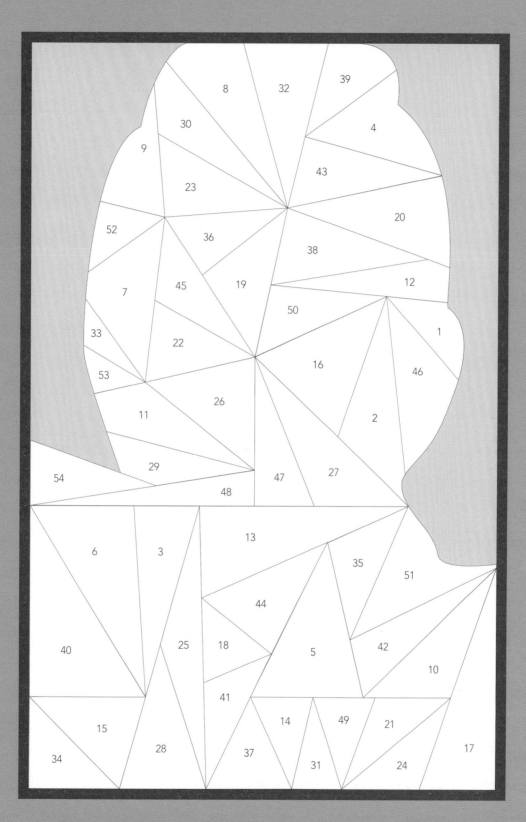

SIMONE BILES

YUSRA MARDINI

YUSRA MARDINI

RUTH BADER GINSBURG

MALALA YOUSAFZAI

FRIDA KAHLO

CELIA
CRUZ

BEATRICE VIO